Toda
mi vida

Poemario inesperado

Raquel María

Impreso en Naguabo, Puerto Rico 2021

Diseño flor de contraportada cortesía de: Alejandro Santiago Calderón

ISBN: 978-1-7370292-0-5

Índice

A Marité,
las Lucecitas y
a todas las víctimas
vivas o muertas;
les amo.

Toda mi vida

Toda mi vida;
la b y la d han bailado.
El 5 y la S han bailado.
Las letras han bailado.
Los números han bailado.
Las palabras han bailado.
Las ecuaciones han bailado.

Toda mi vida;
he tratado de detenerles
y han tratado de detenerles.

Toda mi vida;
la tortura de leer ha sido despiadada.
Pensar en escribir,
angustia.

Deja que la letra baile baila con la letra.
Deja que la letra baile baila con la letra.

¡Era un baile!
¡Era un maldito baile!
¡Y YO; ESTABA INVITADA!

Llegué al baile.

Cuando el silencio gime

¿Alguna vez has escuchado
al silencio sollozar?

Es un llanto tenue
muy débil;
casi un arrullo.

Una vez lo tomas en tus brazos;
cesa.

Una agua tibia y maternal
arropa tu cuerpo.

¡Aaah! el silencio libera todo su dolor.
El pasado, presente y futuro
convergen plácidamente.

Sientes que vuelas y, ahí,
has empezado de nuevo.

Quiero hablar contigo

Si mi género,
físico o ideales
no te lo permiten;
pídele permiso a tu dolor.

Tenemos mucho más dolor en común
de lo que pensamos.

Quiero hablar contigo.

Una mujer malvada

Ella;
ella poseía el silencio,
el futuro,
tu conciencia
y la extorsión perfecta.
Como pocas,
ella tenía el juego a su favor.

Hoy;
cual titiritera de almas
reinaría sobre él
y sobre todos.

Una mujer malvada;
se hubiera quedado callada.

Le creí

Le creí;
como le creíste tú.
Me manipuló;
como te manipuló a ti.
Me traicionó;
como te traicionó a ti.
Lloré;
como lloraste tú.

Entiendo tu dolor;
lo entiendo,
lo acurruco,
lo meso
y lo hago mío.

Vergüenza

Me viste; y tú también me viste.
Existo; y tú también lo sabes.

Me viste besarle
en los labios.
En el balcón
de mi casa.
En la asamblea.
Me viste;
y nos tomamos una foto.

Me viste; y tú también me viste.
Existo; y tú también lo sabes.

Les vi, de noche, en una Pradera,
minando mi existencia.

Te vistes de esperanza y me viste.
Te vistes de luz,
de alternativa,
de patriota,
de víctima,
de ejemplo,
de intelectual,
de paz,
de cristianismo,
de Hossli,
de líder,
de unidad,
te vistes de cambio y me viste.

¡Vergüenza, vergüenza, vergüenza!

Me viste; y tú también me viste.
Existo; y tú; tú también lo sabes.

Me viste; y sé que me viste.
Existo; y no desapareceré.

Él, tú, yo y nosotros

CUANDO LA LUZ DESLUMBRA

Genio infinito de todos los mares.
Oráculo preciso de todo cuento.
Génesis de toda sabiduría.
¡Qué poco vemos cuando la luz deslumbra!

A LA LUZ DEL QUINQUÉ

Viví, dormí y soñé a la luz del quinqué.
El quinqué se ha roto
y se han ido las tinieblas.
Siempre estuviste aquí.
Simplemente; no te veía.

SIEMPRE ESTUVE AQUÍ

No he nacido, ni resurgido.
No he empeorado, ni mejorado.
Siempre estuve aquí.
Simplemente; no me veías.

SIN CRISÁLIDA (extracto)

Hoy la adaptación
duele, hiere, quema y marca.
Somos paciencia,
resistencia y sobrevivencia.
Somos esencia.
Somos;
el esplendor de mañana.

9 años y un bombón

Recuerdo claramente cuando robaba.

Cuando no había dinero para dulces.

Los 6,
comíamos arroz tostado con azúcar.

Mi hermana me delató,
no sin antes darme una oportunidad.

Mi madre,
sin humillarme,
me hizo enfrentar
las consecuencias de mis actos.

Recuerdo claramente
cuando pagué por los dulces.

Cuando no había dinero para dulces.

Ver, oír y hablar

Veo lo que nadie ve
y lo que ven no puedo verlo.

Escucho lo que nadie oye
y lo que oyen no puedo escucharlo.

Hablo lo que nadie habla
y lo que hablan;
no puedo pronunciarlo.

Rostro de Niagara

Hoy es uno de esos días.
De esos días en que;
tu quijada goterea incesantemente.

Días en que; las amargas experiencias
te muerden despiadadamente.

Días de mejillas empapadas.

De esos días en que;
si no acaba pronto acabas contigo.

Hoy tengo rostro de Niagara.
Hoy;
hoy no puedo más.

Magistral

No sabes lo que has hecho.

Lloré;
lloré desconsoladamente
al leer tus palabras.
Jamás las olvidaré.

Magistral escribiste;
magistral.

No sabes lo que has hecho.

Ovejas del 2020

¡Qué fácil!
Cuando tienes dinero en la cuenta,
te llega la compra a la casa
y no tienes que ir a trabajar.

¡Qué fácil!
Apoyar la inmunidad de rebaño
cuando nunca fuiste, eres,
ni serás oveja.
Cuando meramente te vistes de lana
y ya.

Fui, soy
y seguiré siendo oveja descarriada.
Busquen otra oveja,
formen otro rebaño,
en éste está permitido
pensar y disentir.

No me llames Raquelita

¡Ay Raquelita!
Una noche entre lágrimas y sollozos
vi como morías.

Vi cómo,
a los cinco años de edad te dieron
la primera puñalada.

Vi, como muy dolorosamente aprendiste
que no solo los hombres
pueden ser bestias.

¡Ay Raquelita!
Y no hice nada; nada.

Con ayuda de muchas personas
muy maravillosas
encontré mi voz.

Tras 43 años de escuchar e ignorar
tus angustiosos gritos de terror y auxilio,
donde 10 pulverizaron tu psiquis;
llegué.

Aquí estoy, estaré y
¡no me callaré!

¡Ay Raquelita!
Me embarga una gran alegría
porque mi voz te ha sanado.
No estás muerta mi amor.
¡Qué alegría!

Estallo de felicidad al verte columpiarte,
sonriente, tranquila y segura
dentro de mi corazón.

De ahora en adelante;
así será.

No me llames Raquelita.
Raquelita goza, tranquila, feliz y segura
dentro de mi corazón.
No le molesten.

Llegó Raquel María.

Messenger me dijo

Messenger me dijo
que no estaba sola.

Dijo que me creía.

Me dijo que siempre tuviste novias
y le eras infiel a tus novias.

Que gritabas,
abusabas,
hostigabas
y engañabas.

Que no sabía de mí
y por años supo de ti.

Que decías eras soltero,
divorciado o
separado.

Me dijo que saliste con su hermana.

Que se indignó
y movilizó.

Que hicieron una marcha digital
y lo lograron,
te sacaron.

Me dijo que era valiente.
Dijo;
gracias.

Messenger me dijo tanto;
tanto.
Me dijo;
perdón.

Messenger me dijo su dolor.

Messenger;
gracias a ti,
por tus palabras,
por tu marcha digital
y no hay nada que perdonar;
tú también
fuiste su víctima.

Foto de bodas

Allí está,
toda llenita de esperanza y seguridad.

Miro su carita
y me parece un ángel.

¡Qué mucho perdón te he pedido!
¡Qué mucho daño te hizo!
Casi te pierdo; perdón.

Miro su carita
y me parece un ángel.

Dependías absolutamente de mí y
¡qué mucho tardé en defenderte!
Casi te pierdo; perdón.

Miro su carita
y me parece un ángel.

Tomo la foto de la repisa y
allí está,
toda llenita de esperanza y seguridad.

¡Perdón, Raquel, perdón!

Caricias

Acariciar mi pasado
me ha dado paz.

Acariciar mi presente
me ha dado fuerza.

Acariciar mi futuro
me ha dado esperanza.

Fragmentos

¡Qué bellos son los fragmentos!

Los fragmentos de lo que pudo haber sido
y no fue.

Los fragmentos de lo que fue y ya no es.

Los fragmentos,
todos esos trozos,
lo fracturado,
eso; lo que quedó.
Lo que vez en el suelo
cuando estás en carne viva.

Hermosas esperanzas
viven en los fragmentos.
Lecciones magistrales
habitan en cada fragmento.

¡Qué bellos son los fragmentos!

Cuando 1+1 siempre es 1

Cuando 1+1 nunca es 2
Cuando 1+30 es 1
Cuando 1+ infinito sigue siendo 1

Cuando 1+1 siempre es 1
No hay nada más que hacer.

1 siempre será 1.
1 es solo *ello*.
1 es solo *id*.

Yo también soy mujer

Un 29 de enero de 2018,
sin hijos,
entré a la sala de operaciones
con todas las esperanzas puestas
en mi ovario izquierdo.
Anhelaba seguir siendo mujer.

Con escarpelo en mano,
un hombre abrió mi vientre
y se lo llevó todo; todo.
Haciéndose eco de mis esperanzas,
él,
lo intentó todo; todo.
Pero nada se podía hacer.

Tuve que aceptar
mi nueva y cruel realidad.
No hijos, no órganos reproductivos;
ya no era mujer.

Un 24 de febrero de 2020,
trascendiste, tú, "un hombre con falda"
y me enseñaste tanto.

¡Ay Alexa!
Te me fuiste sin poderte decir
que yo también soy mujer.

5 minutos

Ayer; ayer me dijeron que solo nos quedan
5 minutos.

Noviembre no llegará
y tus 16 años no verás.

Aquiles tiene cáncer.

Este hermoso,
bueno e inteligente animalito,
lleno de amor incondicional,
pronto partirá.

Solo nos quedan
5 minutos.

5 minutos.

Ayer; ayer descubrí,
que todas las horas
de todos los años
de todos los tiempos,
caben en 5 minutos.

No existe tiempo que dicte al Amor;
no existe.

Invencibilidad agobiante

Cuando todo el dolor vivido
te mira de frente y te embiste; pesa.

Cuando piensas que ya fue suficiente
y te hieren un poco más; pesa.

Cuando estás agua al cuello
y sube la marea; pesa.

Cuando sabes que puedes con todo y
mucho más; pesa, ¡coño!, pesa.

Yo soy…

¿Cómo pudiste estar allí y no hacer nada?
¿Cómo pudiste estar allí y dejar que pasara?
¿Cómo pudiste estar allí y saberlo?
¿Cómo pudiste estar allí
y entregarme como alimento?

¿Cómo puedes estar aquí?
¿Cómo?

¿Cómo lo hiciste?
¿Cómo pudiste?
¿Cómo puedes?

Si yo. Yo soy…

Pistola en tu boca

¡Ay de aquel ser!
Que utilizando violencia desmedida
pone pistola en tu boca.

¡Ay de aquel ser!
Que utilizando violencia desmedida
pones pistola en tu boca.

Luz de gas

No sé,
no sé como puedo seguir.
Me desconozco.
¿Cómo es posible vivir así?
¿Cómo es posible funcionar así?
Mi remanso de paz,
mi hogar,
es un gran agujero negro,
donde todo se me olvida y nada encuentro.

¿Por qué esto no me destruye?
¿Cómo logro continuar?
¿¡De dónde rayos saco tanta fuerza!?

Vivo rasgando neuronas;
y mi nombre… aún recuerdo mi nombre.
¡Yo sé quién soy!
Yo lo sé.

Y así de repente,
como grito escalofriante de medianoche,
el dolor y la alegría
son uno.

Nada se me olvida
y todo lo encuentro;
ya no estás aquí.

Ausencia

Jamás en la vida
soñé vivir así una ausencia;
jamás.

Vivo en fiesta.
Vivo en la fiesta de tu ausencia.

Lo sé

Existe un dolor insoportable dentro de ti;
lo sé.
Mira dentro bien adentro.

Vive oculto muy oculto.
Secuestrado y encajonado.
Aplastado y olvidado.
Silenciado y amarrado.
Amapuchado, rezagado y dolido;
sumamente dolido.

Latente, peligrosamente latente;
bajo toda esa música,
risas, mujeres, libros,
discursos y abusos.

Abrázalo, ámalo;
ruega a gritos tu atención.

Existe un dolor insoportable dentro de ti;
lo sé,
me tocó
y casi me cuesta la vida.

La persona narcisista

La persona narcisista
no se proyecta normal;
se proyecta casi santa.
Te regalará una vida infernal
que ni tú sabrás.

Vivirás sacando las cosas de proporción;
ya que ella
ni humilla
ni hiere.

Dirás que sí;
estos serán extraídos de tu boca
a cualquier costo.

Jamás divergirás;
sabes que ella aplasta la oposición.

Oirás delicias;
ella no es tonta,
de ser necesario
dirá lo que necesitas escuchar.

Serás mobiliario;
ella no puede,
es que no puede pensar en alguien más.

Verás;
si en algún momento logran ver,
verás tu rol protagónico
convertido en un Oscar de reparto.

La persona narcisista
vive amargada de sí.
Es, la castración de una vida
incapaz de ver lo hermosa que es.
Es lo que pudo ser
y no fue.

Vengan aquí

Todas las "rezagadas", "putas", "locas",
"pendejas" y "cornudas"; vengan aquí.

Aquí donde
el dolor se siente,
se vive y pasa.
Donde
no está oculto.
Donde
todo es lo que es.
Donde
no hay hipocresía.
Aquí;
donde se ama
y se empieza de nuevo.

La realidad de lo imposible

Solo el Amor
puede hacer lo imposible real.

Una vez real,
observarás
profundas y permanentes marcas.

La realidad de lo imposible
siempre es intensa.

Boomerang

No existen atajos para superar un dolor.

Quien ataje,
vivirá una paz enajenada
y en el ocaso de la vida
recibirá el boomerang de todo su dolor.

No existen atajos para superar un dolor;
no existen.

Tengo que hablarte de dolor

¿Lo has sentido?

Calla, por favor, calla.
¿Por qué insistes?

No quiero hablar de dolor
pero está aquí; sentadito junto a mí.

Fuerza es fuerza;
no es ausencia de dolor.
Fuerza es el ingrediente mágico
para un muy doloroso cambio.

Sí; a mí también me duele.

Para sanar

Tenemos que aceptar lo sucedido.
Hay que soltar el odio
y abrazar el Amor.
Ríos de angustia
correrán por nuestros rostros.

Para sanar;
tenemos que llorar en el camino.

Inolvidable

No voy a olvidar lo vivido, no voy a
"pasar la página", no quiero editar la vida.

No voy a tragar más dolores, no quiero
llenarme de culpas.

Ya no maquillaré lo inolvidable.

Estoy conociendo dolores.
Río con ellos, tertuliamos, lloramos
y bebemos café.
Uno a uno,
danzo, danzo y danzo con él,
hasta que exhausto,
comprendido y calmado
mirándome a los ojos me dice adiós;
y cesa.

¿Por qué será?

Cuando todo el mundo duerme;
se sobresaltan mis pensamientos,
mi cerebro se enciende
y se activa mi corazón.

¿Convergerán en las horas "decentes"
demasiados pensamientos?
¿El silencio del bullicio pensante
permite que emerjan los míos
o es que son tímidos?

El mundo duerme y yo pienso.
¿Por qué será?

Tengo miedo

Todos los días
me acuesto con miedo.
No falta un día
en que alguien me estruje que soy diferente
o se burlen de mí.
Todos los días
me acuesto con miedo.

Tengo miedo
a doblegar,
a ceder
ante la conveniencia de la "normalidad".

Tengo miedo
a dejar de ser diferente.

La brisa sopla un nombre

Esta noche asfixiante
fue cercenada por una agradable brisa.

Cierro los ojos
y la siento mover mis cabellos.

La brisa está impregnada
de esperanza, locura y aceptación.

Raquel, Raquel ¿qué es esto?
La majestuosidad de la dislexia aplicada.
Un extraño cerebro desencadenado.

Sigo sin poder leer
y cuando escribo;
sangro.

La brisa sopla un nombre.

Felicidad

La traición
ha sido el pago a tu nobleza.

Solo la soledad
te acompaña.

A lo amado
le restan 5 minutos de vida.

Inhalas y sientes
que todo está perdido.

¡Detente!
Aquí; en este momento,
no busques afuera
lo que siempre ha estado dentro de ti.

Comodidad procesal

¿Para qué?
¿Para qué sabes tanto "derecho"?
Si a la hora de la verdad,
no estás dispuesto a hacer
ni un ápice de Justicia.

La Verdad no tiene término prescriptivo
y la mentira
nunca es cosa juzgada.

Inhumanidad

Veo tantas cosas.

Corrupción.
Inocentes pagando.
Impunidad.
Fanatismo.
Promesas incumplidas.
Traición.

Genocidio,
robo de tierra, acorralamiento
y una dádiva llamada reserva.

Veo mentira.

Secuestro,
esclavitud, arrebato de vidas
y una sistemática exclusión.

Vestimenta de cambio
y desnudez de lo mismo.

Animales utilizados
como las langostas utilizan un sembrado.

Dictums
sobre a quién se puede amar.

Niños abusados,
jóvenes tronchados,
adultos inertes
y viejos maltratados.

Veo cada día
un nuevo rincón
del Planeta asesinado.

Constantes mofas
sobre el acento al hablar.

"Rescates",
veo cómo,
bajo el manto de ungido
se pulveriza.

Gargantas mutiladas,
a las cuales se les obligó tragar
"ilustre" semen,
fruto de una eterna
masturbación intelectual.

Despliegue "chistoso"
de conducta irrespetuosa,
inmoral y despiadada.

Trato de mierda
mercadeado como "civismo".

Transferencia de culpa a la mujer,
por simplemente estar en cierto sitio
o vestir de cierta forma.

Veo desprecio a ti,
a ellas y a las palabras
cuando nos llamas
pendeja, puta o perra.

Falsedad
pintada de nobleza y humildad.

Heridas
silenciadas y profundas
Veo que no se deja ser y que se calla.

Veo tildar de changuería
la voz de la denuncia.

Y a la persona abusiva
acusando a la abusada
de ser exagerada.

No; no hay ni pizca de exageración.
Ni estoy sacando las cosas de proporción.

Simplemente
estoy viendo
lo que quieren ocultar,
escuchando
lo que quieren silenciar
y hablando
lo que quieren callar.

¡Vivimos en dolor!
Exigimos Justicia
porque queremos Paz.

La Paz se alcanza con Justicia.

Para lograr Justicia
tenemos que enfrentar la Verdad.
La verdad de lo que yo hice,
de lo que tú hiciste,
de lo que hicimos.
La verdad de lo que nos hicieron,
de lo que hacen.
La verdad de lo que estamos haciendo.

Existen seres
que siempre emanan odio;
siempre.
Unas veces de frente,
otras se visten de ternura y fragilidad,
pero siempre emanan odio.
¡Basta! Dolerá;
pero no me voy a callar.

Los ojos, oídos, bocas
y mentes herméticos sangrarán
pero no;
no me puedo callar.
No nos podemos callar.

Veo tanta incoherencia;
tanta,
inhumanidad.

Cuando logras abrir los ojos;
vez.
Vez todo;
no se puede escoger.
Lo vez todo.

El odio
siempre estará falto de Paz;
siempre.
¿Qué es la Paz
si no un dolor
al que se le hizo Justicia?

El Amor triunfará,
emergerá la Verdad
y se hará Justicia.
La Paz será un hecho.

Habla;
para que podamos
ver.

Ve;
para que podamos
hablar.

Ve y habla;
para que podamos
cambiar.

Sed

Te seguimos hasta el desierto
y no eres Moisés.

Sed.
Hace sed;
y eres agua hirviendo
en una taza
sin asa.

Sabandija
¿Qué has hecho?
Sabandija.

Levanta la rodilla

¡Qué triste!
Cuando lo único que tienes en la vida
es que "eres blanco".

Adoras al "brown" Rey de los Judíos
y aborreces al que tienes a tu lado.

Intoxicado de incoherencias
te recostaste,
dejaste pasar la vida
y todos te rebasaron.

Acurrucado bajo el aterciopelado manto
de la "cristiandad odiante"
pretendes perpetuar tu impunidad.

¡Qué triste!
Cuando, a sangre, tu único "atributo"
lo quieres convertir en un "tesoro".

¡Ojalá!
El Amor, que todo lo puede,
te transforme.

¿Sabes?

La vida es terca, terca.
Nunca he conocido
algo más terco que la vida.
Cuando la vida quiere algo;
la vida no pregunta.
La vida arrebata.

La vida es hermosa, hermosa.
Nunca he conocido
algo más hermoso que la vida.
Cuando la vida quiere dar;
la vida no pregunta.
La vida otorga.

La vida baila;
entre arrebatos y otorgaciones,
ahí, ese es el baile.
A veces uno se cansa, como en todo baile
pero sigue siendo un baile.

¿Sabes?
Te he visto bailar.

Sé; que en este y cualquier otro baile
que ofrezca la vida;
bailarás con garbo,
majestuosidad y alegría.

Solo una vez

En una casa en una costa;
fuiste humano solo una vez
y le robé al tiempo un suspiro.

En un baño en una bañera;
fuiste humano solo una vez
y doblegué dolores en mi camino.

Una puerta, abriste una puerta;
fuiste humano solo una vez
y capturé de verbos un respiro.

Tu mirada;
tu mirada penetrante y asesina
la obligó a cesar.
Fuiste humano solo una vez
y coloqué par de escarchas en mi destino.

Esa mirada;
esa mirada vivirá conmigo para siempre.

Lágrimas imprimibles

Faltándome el aire ante tanta carcajada,
exhausta
y abrazada por aroma a lluvia
caí rendida en la cama.

Clin, clin, clin; clin, clin, clin.
¿Qué sonido tan peculiar
tiene hoy la lluvia?
Suena a metal.

Entre dormida y despierta
en ese punto
cuando desde la irrealidad logras ver;
abrí mis ojos
y vi la lluvia caer sobre la jaula,
los candados
y las cadenas.

Una gran agonía se apoderó de mí
y la cama
se llenó de agua;
eran lágrimas.
Lágrimas tan densas y pesadas
que eran imprimibles

Maya; yo también sé por qué
el pájaro enjaulado canta.

Visitas a la Gloria

Cada miércoles
me destruyo y reparo.
Río y lloro.
Pierdo y gano.

Cada miércoles
expongo mis entrañas
y encuentro un poquito de mí.

Cada miércoles;
veo la Gloria.

La diáspora

Pierdo el control de mis emociones
cuando tengo que hablar de la diáspora.

La diáspora;
héroe persistente y seguro.
Patriota incomparable.
Cántaro de luz y energía.
Cultura eterna.
Abrazo infinito a la imaginación pura.

La diáspora;
preservación mágica de todo un Pueblo.

Somos puerto,
donde el dolor y la angustia
se placen en atracar.
Puerto,
donde la identidad se place en partir.
Puerto empobrecido,
rodeado y acorralado,
por ésta,
nuestra vil circunstancia.

Infaliblemente ustedes siempre, siempre,
hacen rico a este puerto.

No tenía idea

No tenía idea de cuanta gente has herido.
La magnitud de tu mal no tiene fronteras.

¡Qué mucha gente has
renegado, estafado, humillado y engañado!

Les abandonaste,
nunca les pagaste,
les abusaste
y en realidad cobraste.

Les pido perdón.
No tenía idea.

La gold digger

La trajiste a mí.
Mujer hueca, vana; decías.
Agua y aceite.

Cuando yo quería correr,
esta mujer caminaba.
Cuando yo quería gritar,
esta mujer callaba.
Cuando yo quería calma,
esta mujer no paraba.
Cuando yo quería café,
esta mujer quería Chanel.

Cuando al fin nos vimos,
al fin nos encontramos.

Por ganarte un par de pesos,
la trajiste a mí;
¿qué tal la mujer vana?
preguntaste.

Yo soy agua y ella es aceite,
pero ella es,
se comporta
y dice ser aceite;
contesté.
Por ganarte un par de pesos,
la trajiste a mí.

La gold digger; decías
y yo sin saber cuánto mentías
y lo mucho que te proyectabas.

La gold digger,
esa,
la que se ha convertido
en una hermana.

Por ganarte un par de pesos,
la trajiste a mí;
gracias.

Mi hermana favorita

Hermana mía;
en esta dura travesía,
mi velero fue guiado por tus vientos.

Mi incesante vómito
ante cada estruendosa marejada,
las amargas lágrimas,
el agua sobre cubierta;
¡todo!

Todas las noches mi dolor lo hiciste tuyo.

¡HOMBRE AL AGUA! Gritaron
¡HOMBRE AL AGUA!

Tú; tu fuiste el hombre y el barco.

Tú; mujer genial,
cerebro infinito y bondad profunda.
Tu amor, tu mente y tu bondad
fueron míos.

Escribimos una historia;
dos hermanas y el Mar Muerto.
Brrr, brrr.
Aún titilan mis labios.

¡Marité!
mi hermana favorita,
detuvimos mi inminente naufragio.

Nosotras

ALICE

Alice, gracias.
Gracias por señalarle
con tu demanda.

Por tu valentía
y ejemplo.

Por sobrevivir
y vivir.

Alice, gracias.

JULIE

No eras tú;
era él.

Todo,
absolutamente todo
y siempre ha sido así.
Nunca fuiste tú;
era él.

Julie,
no eras tú;
era él.

RAQUEL MARIA

Te amo.

E LE 2012G0026

Letras, números,
letra y números.
Doce representaciones de diversos todos.

Abriste mis ojos, boca y oídos.

Saltaste "al sicólogo"
colocando en mis manos la sicología
y fui descubriendo mi amarga realidad.

Eres complejo y diverso.
Eres la lucha entre el Bien
y el Mal.

Eres la destrucción implacable
de mi última fantasía;
la dura mirada
al yo.

Voluntariado desgarrador;
me has regalado una querella ética
y me devolviste la vida.

E, L, E; 20, 12, G; 0, 0, 26;
eres una obra maestra.

Anormalidad

Normal y ordinario nunca me han descrito.

Muchos entienden que no soy normal,
que ando atrapada
en las redes de la anormalidad.

Y así es;
estoy fuera de lo normal,
fuera de lo ordinario.
Estoy fuera; soy un extra.

Ando plácidamente sumergida
en los océanos de la extraordinariedad.

Mientras más me digas anormal,
con más fuerza escucho
extraordinaria.

Hacia adentro

¡Ve!
Tómate de la mano y da el primer paso.
Ese;
el real,
el verdadero,
el que lo cambia todo.

El paso que es principio y final.

Tómate de la mano
y da un paso hacia adentro;
hacia adentro.

Rocas mágicas

Siempre te lo dije,
resistir no es sinónimo de debilidad.

Tu veías a un Pueblo idiota
y aguantón.
Yo veía una roca mágica,
un Pueblo
que aún sin actuar
era imposible destruir.

Tú;
me veías a mí
y yo;
yo no sabía que ustedes soy yo.

Patria

Érase una vez una hermosa doncella,
que así como muchas,
era infernalmente maltratada.

Era una guerra sin fin.
Todo un Pueblo
dividido en varios bandos.
Siempre con el corazón en la mano,
luchando por lo que cada cual
entendía era lo mejor para la doncella.

Como muchas,
ella no era escuchada.
Un ínfimo grupo abrió sus oídos.
Más de 100 años de dolor
atravesaron aquellos canales.

La doncella fue escuchada.

¿Por qué a ti sí y a mí no?
¿Por qué hay quien aborrece a tu agresor y
adula al mío? ¿Por qué hay quien aborrece
al mío y adula al tuyo? ¿Por qué?

¡Ay Patria! ¡Ayúdame!
Ayúdame a vencer tanta incoherencia.
Te juro seguiré luchando por tu libertad.

Así, esquiniada;
aunque los patriotas no me vean,
aunque no me sientan, seguiré luchando.
Seguiré luchando.

Cúlpenme de todo

De que tuve rabia
por corretear sola
y cúlpenme por amar a los animales.

De que abusaron de mí
por estar donde no debía
y cúlpenme por ser emprendedora.

De que no leo
por no esforzarme lo suficiente
y cúlpenme por llegar donde he llegado.

De que callé por conveniencia
y cúlpenme por todas las fiestas,
regalos,
por el viaje a Roma,
los libros, la maestría y el doctorado.

De que hablé por venganza
y cúlpenme por darle a ellas
una pizca de esperanza.

Si me van a culpar,
cúlpenme de todo.

Tendencia

Nada era real,
todo estaba oculto.
Minuciosamente tejido
como incalculable mundillo.
Entre círculos divergentes
fluían las 330 libras
de mera ilusión.

Una tendencia;
eres solo una tendencia.

¡Cuánta gente engañada!

Como es la vida.
Resulta que la diáfana soy yo;
la atea y abogada.

Una mañana

Vivía dando saltitos
como pájaros de alas rotas.

Una mañana;
paseando entre las manecillas de un reloj,
dejé que se rompiera todo.

Sin culpas ni remordimientos,
sin gozos ni alegrías.

Y volé.

Adiós

Cuando el nacer te ha marcado
con esta manera de sentir
profunda, intensa e infinita.
Cuando el sentir es irresistible,
inevitable.
Cuando tu vivir es sentir,
cuando sentir es tu vivir.
Cuando sentir así; duele.
Cuando duele tan profundo e
incomprensible para el resto de
tus compañeros humanos.

A veces;
deseas no sentir más.

Cuando el sentir coloca en tus labios
ese intenso sabor amargo.
Cuando el respirar cuesta,
pues el pecho duele y aprieta.
Cuando el hablar es un imposible,
pues las palabras se quiebran
en tu garganta.

A veces;
deseas no sentir más.

Mi sentir es profundo, intenso e infinito.
Ello ha provocado que en ocasiones,
desee no sentir más.

Yo; he logrado el no sentir.
Pero entre vivir en el vacío oscuro

del no sentir,
prefiero sentir aunque el sentir
sea doloroso.
Aunque el sonido sea desgarrador,
prefiero escuchar
y aunque el panorama sea aterrador,
prefiero ver.

Por ello,
me he lanzado a sentir nuevamente.
Por ello,
he sido lastimada, golpeada y vejada.
No empece a ello,
agradezco el sentir así; profundo.

Agradezco enormemente tener aún
la capacidad de sentir
y sobre todo
la capacidad de sentir un gran
y apasionado amor
hacia mi ser.

Que encuentres paz, adiós.

Sin crisálida

¿Estás ahí?
Tengo miedo y no te encuentro.
Los espejos;
los espejos
reflejan una imagen desconocida.
¡Ya no sé quién soy!

Cual materia resiliente
ante extremo ente perturbador;
soy irreconocible.
Hoy; no sé que soy.
Somos irreconocibles.
Hoy la adaptación
duele, hiere, quema y marca.
Somos paciencia,
resistencia y sobrevivencia.
Somos esencia.
Somos;
el esplendor de mañana.

¡Sí!
Estoy aquí,
sigo aquí
y triunfaremos.

Corre, lucha, habla

Hablaron,
hablan
y hablarán de mí.

Dolió,
duele
y dolerá.

Lo hice,
lo hago
y lo vuelvo a hacer.

Me han herido tanto;
que lo puedo todo.

Aunque seas una sola
y esa sola sea yo;
seguiré
y no me callaré.

Nashaly Cristina

Te "alinearon mamita",
te "pusieron en tu sitio";
te "madrugaron".
A ti y a todas;
50 tiritos
pa' que las demás entiendan.

¿Por qué?
¿Qué hacías tú en la calle?
¿Por qué?
¿Por qué no verificaste tú
con quien andabas?
¿Por qué?
¿Qué haces tú con 22 años
y un hijo de 4?
¿Por qué?
¿Quién te manda a ser "guapita",
a no "dejarte",
a darte a respetar?

Si te hubieras quedado en tu casa
y calladita,
todo hubiera sido distinto.

El hijo no existiría.

Los tiritos te los hubieran dado a 5 por año,
toditos en la cabeza,
empujándote incisivamente
al filo de la locura,
a punto de olvidar hasta quién eres.

El gatillero hubiera abusado de ti,
lo hubieras llevado a Roma,
llegaría a ti con bachiller
y saldría con doctorado
y tú;
calladita y en tu casa.

Si te hubieras quedado en tu casa
y calladita,
todo hubiera sido distinto.
También horrible
pero distinto.

Nashaly;
seremos la madrugada,
esa bruma fresca,
el principio del comienzo de cada día.

Es imposible
madrugar
la madrugada.

Cuando llegue la noche

Cuando no quede insulto sin pronunciar,
pasado sin explotar,
entrañas sin exponer.

Cuando llegue la noche y la vileza humana
parezca insaciable;
allí estaré,
estaremos.
Nos tenemos.

Ahora

Nos hemos comido
lo que nos hemos tenido que comer.

Ahora;
nos vamos a comer,
lo que nos dé la gana.

Lo logré

Sé; que el sonido que escuchas
es el más intenso
que de mí has escuchado.

Rechazo,
gemidos
y sollozos
fueron la génesis de ese sonido.

Y no podrán silenciarlo.

Sé; que era inimaginable,
ese sonido lo produjera
una mente que casi no puede leer,
que le cuesta escribir,
que no se puede concentrar;
una mente etiquetada,
"especial".

Me vi,
y lo acepté todo;
presente y pasado.

Liberé mi futuro.

Lo logré;
al fin me amo.

Mi amado

Este mundo me enseñó
lo tonto, vago e inútil que eres.
Para ahorrarme intensas vergüenzas;
a quien no te conocía,
no te presenté.
Eres demasiado diferente.

Y tú,
expuesto, herido y solo.
Nunca nadie te ha entendido; ni yo.
¡Qué mucho he dudado de ti!
y tú, constantemente salvándome la vida.

Ahora, has mutado nuevamente,
forzándome a buscar otra vida,
entendiendo que el Amor no ha muerto,
que se hará Justicia,
aceptando que en realidad
el futuro es nuestro,
de los soñadores
y que soñar; duele.

Andas gritándole a los cuatro vientos
tu existencia,
orgullosamente mostrando tu magia,
tu caosidad
y andas robándole a ladrones,
colocándole al fin mi rostro
a todas tus ideas.

Amado cerebro;
gracias y perdón.

Ví la escarcha

El día que fuiste humano solo una vez,
yo correteé
y momentáneamente escapé.
Estaba segura,
que embriagada de felicidad
había logrado doblar el tiempo
y que coloqué par de escarchas
en mi destino.

Ayer;
no lo podía creer,
se los juro,
vi la escarcha en la arena.

Sueños

Cuando te roban un sueño,
de esos,
de los que jamás regresarán,
el pasado se hendija y se abre,
creando un puente
para que lo cruces
cuando vayas a sanar.

Cuando te roban un sueño,
de esos,
de los que jamás regresarán,
como flecha certera,
tu futuro llega al presente
posándose en tus manos.
Si le muestras ternura a tu dolor,
tu futuro,
será barro en manos de alfarero.

Segundos

Cada segundo
es una despedida de año.

Cada segundo;
es una oportunidad
para comenzar de nuevo.

Quiero que sepas

Mis ojos no te han visto
o no te pueden ver.

Casi todos los días;
te siento.
Casi todos los días;
estás aquí.

Mil pedazos los he hecho uno,
soy fuerte y comencé de nuevo.

¿Quién eres?
Amor
¿Quién eres?

Tus ojos no me han visto
o no me pueden ver.

Casi todos los días;
me sientes.
Casi todos los días;
estoy allí.

Mil pedazos los has hecho uno,
eres fuerte y comenzaste de nuevo.

¿Quién eres?
Amor
¿Quién eres?

Quiero que sepas;
que te amo.

Bronce

Soy el sol, soy la lluvia.

Con cada rayo quemo tu dolor
y con cada gota limpio las cenizas.

Soy la arena, soy el mar.

Con cada grano apoyo tu pisada
y con cada ola meso tu ilusión.

Soy el viento.
La tempestad que lo cambia todo
y esa brisa tenue que susurra:
"eres tú, no soy yo".

Eres el sol, eres la lluvia.

Con cada rayo quemas tu dolor
y con cada gota limpias las cenizas.

Eres la arena, eres el mar.

Con cada grano apoyas tu pisada
y con cada ola meses tu ilusión.

Eres el viento.
La tempestad que lo cambia todo
y esa brisa tenue que susurra:
"soy".

Soy el sol, soy la lluvia.

Con cada rayo quemo mi dolor
y con cada gota limpio las cenizas.

Soy la arena, soy el mar.

Con cada grano apoyo mi pisada
y con cada ola meso mi ilusión.

¡Soy el viento!
¡La tempestad que lo cambia todo!
y esa brisa tenue que susurra:
"somos tú y somos yo".

Algunos somos estaño, otros, cobre.
Juntos somos más fuertes.
Juntos,
somos la tempestad que lo cambia todo
y esa brisa tenue que susurra:
"Bronce. Somos Bronce".

Bronce ¡de pie!

Historia

Hoy quiero;
que reconquistes tu vida,
quiero que crees un imperio
de amor propio
y que construyas una nueva civilización
de ti.

Hoy quiero;
que hagas Historia;
tu Historia.

Fuerza. Sin odio ni miedo y ¡de pie!

Mi nombre es _____
este poemario me pertenece, soy fuerte, respeto
mi ritmo y me amo.